Maria-Regina und
Michael Altmeyer

Herbst-Impressionen

Dekoratives aus Papier

Die Beschreibung von Seite 1 „Elfenkranz" finden Sie auf Seite 32, von Seite 2 „Ganz schön stachelig" auf Seite 21.

Fotos: frechverlag GmbH, 70499 Stuttgart;
Michael Altmeyer (Seite 3 bis 5);
Fotostudio Ullrich & Co., Renningen
(übrige Aufnahmen)

Dieses Buch enthält:
3 Vorlagenbogen

Auflage: 5. 4. 3. 2. 1. | Letzte Zahlen
Jahr: 2007 2006 2005 2004 2003 | maßgebend

frechverlag GmbH, 70499 Stuttgart

ISBN 3-7724-3158-5 · Best.-Nr. 3158

Druck und Bindung: Sellier Druck, Freising

Ein Blick nach draußen bestätigt es: Der Herbst ist da! Die Blätter auf den Bäumen schillern in gelben, roten und braunen Tönen, Kinder huschen durchs raschelnde Laub, die Winde frischen auf und es wird früh dunkel.

Je kürzer die Tage werden und je tiefer die Temperaturen sinken, umso mehr Lust bekommt man, sich's vor der warmen Heizung gemütlich zu machen und in froher Runde zu basteln.

Machen Sie Ihre Herbstdeko selbst! Nehmen Sie Papier und Schere zur Hand und suchen Sie sich Ihr Lieblingsmotiv aus. Neben Fensterbildern und Mobiles finden Sie in diesem Buch auch Praktisches wie kleine Herbstlichter, Schachteln und Grußkarten. Bunte Kürbis- und Pilztüten sind nicht nur wirkungsvolle Blickfänger, sondern eignen sich auch ideal zum Verschenken. Oder Sie überraschen einen Weinkenner mit einer originellen Weinflasche, deren Hals Sie mit einer selbst gestalteten Traube dekoriert haben.

Wir wünschen Ihnen schöne Herbsttage und viel Spaß mit unseren Herbstimpressionen!

Maria-Regina Altmayer

Michael Altmayer

Material

- Tonkarton in verschiedenen Farben
- Regenbogentonkarton
- Aquarellkarton
- Wellpappe, Faserseide, Seidenpapier
- Satinband, Organzaband, Paketschnur, Nylonband
- Aludraht, Silberdraht, Blumendraht
- Teelicht, Kerze
- Holzperlen
- Bastelfarbe, Aquarellfarbe, Creme Rouge

Folgende **Werkzeuge** und Hilfsmittel sollten Sie zur Hand haben; sie werden bei den einzelnen Motiven nicht gesondert aufgeführt.

- Filzstifte in Schwarz, Braun und Grün
- Bleistift
- Pinsel
- (Metall-)Lineal
- Transparent- oder Architektenpapier zum Abpausen der Motive vom Vorlagenbogen
- Dünner Karton zur Anfertigung von Schablonen
- Klebstoff (Alleskleber), Abstandsband
- Papierschere, Wellenrandschere, Cutter mit Schneideunterlage
- Lochzange, dünne Nadel

Hinweis

Als Rest bezeichnen wir Materialangaben, die kleiner als A5 sind.

Schablonen erstellen

Für die einzelnen Motive werden zuerst Schablonen angefertigt. Legen Sie dazu Transparent- oder Architektenpapier auf die gewünschte Zeichnung des Vorlagenbogens und zeichnen Sie sämtliche Konturen und Linien mit einem spitzen Bleistift nach. Anschließend wird das Transparentpapier mit dem abgepausten Motiv auf ein Stück festen Karton (Tonkarton) gelegt bzw. geklebt und das Motiv an den Bleistiftlinien ausgeschnitten. Diese Kartonteile dienen als Schablonen.

Schablone übertragen

Legen Sie die Kartonschablone so auf den Tonkarton, dass sie nicht verrutscht, und umfahren Sie die Umrisskanten sorgfältig mit einem Bleistift. Der Bleistiftstrich hebt sich von einem dunklen Untergrund nicht genügend ab, in diesem Fall sollte für das Umfahren ein weißer Farb- bzw. Kreidestift verwendet werden. Sie können aber auch das Transparentpapier wenden und es mit der abgepausten Seite auf den entsprechenden Tonkarton legen. Dann werden die Motivlinien nochmals mit einem harten Bleistift nachgefahren, die vorher aufgezeichneten Bleistiftlinien übertragen sich dabei von der Rückseite des Papiers auf den Karton.

Ausschneiden des Motivs

Achten Sie darauf, dass Sie den Cutter oder die Schere möglichst wenig absetzen und die Schnitte in einem Zug durchführen; so lassen sich am besten unschöne Kanten und Ecken vermeiden. Bei Rundungen sollte nicht das Schneidegerät, sondern der Tonkarton während des Schneidens in der Hand gedreht werden. Gerade Linien sowie Kanten werden mit dem Cutter geschnitten. Das Cuttermesser halten Sie dabei wie einen Bleistift in der Hand. Hilfreich ist hierbei ein Metall-Lineal. Richten Sie das Lineal an der auszuschneidenden Linie aus und ziehen Sie den Cutter mit leichtem Druck daran entlang. Beim Arbeiten mit dem Cutter unbedingt eine Schneideunterlage aus Hartgummi oder dickem Karton unterlegen! Eine Schneidematte besitzt den Vorteil, dass sie nicht nur Ihren Arbeitstisch vor Beschädigungen schützt, sondern die Einschnitte darauf schließen sich wieder und es bleiben keine Unebenheiten zurück, die bei nachfolgenden Cutterschnitten stören könnten.

Motivdurchmesser
ca. 28 cm

Material
- Tonkarton in A3: weinrot
- Tonkarton in A5: rehbraun, dunkelbraun und mittelgrün
- Tonkartonreste: hellgrün, dunkelgrün, gelb und orange
- Abstandsband
- Satinband, 3 mm breit, je ca. 50 cm lang: gelb, hellgrün, orange und weinrot

Vorlagenbogen 1A

BUNTER Herbstkranz

Schneiden Sie zunächst aus weinrotem Tonkarton die Grundform des Blätterkranzes aus. Die bunten Blätter werden aus Tonkarton in den Farben Hell-, Mittel- und Dunkelgrün sowie Gelb, Orange und Weinrot gearbeitet. Insgesamt benötigen Sie 15 Herbstblätter. Mit einem braunen Filzstift heben Sie die Blattadern hervor. Anschließend werden die Blattspitzen über einen Bleistift gezogen und leicht gewölbt. Dann verteilen Sie die Blätter auf dem Kranz; dabei die Blätter etwas versetzt übereinander fixieren.
Nun aus dunkelbraunem und mittelgrünem Tonkarton neun Haselnüsse ausschneiden. Die Hütchen auf die Frucht kleben und die Nüsse auf dem Kranz platzieren. Für das Eichhörnchen verwenden Sie dunkel- und rehbraunen Tonkarton. Mit einem braunen Filzstift das Auge und die Beinlinie aufmalen. Anschließend den Schwanz mit dem dunklen Innenteil ergänzen und das Eichhörnchen auf dem Herbstkranz befestigen. Zuletzt stanzen Sie unten ein Loch in den Blätterkranz, ziehen Satinband in herbstlichbunten Farben hindurch und binden daraus eine Schleife.

... Unser Tipp
Verwenden Sie zum Befestigen von Blättern, Haselnüssen und Eichhörnchen Abstandsband. Die Motive heben sich dadurch etwas vom Untergrund ab und der Herbstkranz wirkt plastischer.

Motivhöhe
ca. 34 cm

Material Wanddeko

- Tonkarton in A4: dunkelgrün und gelb
- Tonkartonreste: hellgrün und braun
- Satinband, 3 mm breit, je ca. 1,20 m lang: gelb und dunkelgrün
- Organzaband, 2,5 cm breit, ca. 90 cm lang: gelb

Vorlagenbogen 1B

Kartengröße
15,5 cm x 11 cm

**Material
Karte mit Sonnenblume aus Tonkarton**

- Tonkarton in A4: gelb
- Tonkartonreste: hellgrün, dunkelgrün und braun
- Satinband, 3 mm breit, ca. 75 cm lang: dunkelgrün

**Material
Karte mit Aquarellmalerei**

- Tonkarton in A4: hellgrün
- Tonkartonrest: gelb
- Aquarellkarton in A5
- Aquarellfarbe: gelb, braun, grün und grau
- Satinband, 3 mm breit, ca. 60 cm lang: gelb

Vorlagenbogen 1B

SonnenBLUMEN

Wanddeko

Schneiden Sie die Motivteile aus. Als Erstes ergänzen Sie Stängel und Blätter mit den hellgrünen Schmuckelementen. Anschließend fixieren Sie am oberen Stängelende die hintere gelbe Blütenrosette.
Dann werden zunächst die Satinbänder oberhalb des Blattpaares angeknotet; die Bandenden lassen Sie lang herunter hängen. Ein grünes Bandende nach oben über die Blüte legen und auf der Rosette mit Klebstoff fixieren (entlang der Linie, die auf dem Vorlagenbogen auf dem Blütenboden eingezeichnet ist). An diesem Band wird die Sonnenblume später aufgehängt. Nun die obere Rosette fixieren, darauf das braune Innenteil kleben. Die Blütenblätter werden über einen Bleistift leicht gerollt, so dass der Blütenkranz sich etwas nach vorn wölbt. Zum Schluss schmücken Sie die Sonnenblume noch mit einer Schleife aus gelbem Organzaband.

Herbstliche Grußkarten

Schneiden Sie die Grundform der Karte aus gelbem Tonkarton aus und falten Sie den Karton zur Doppelkarte. Anschließend das grüne Schmuckteil mit der Wellenrandschere zuschneiden und auf die Vorderseite der Klappkarte kleben. Dann schneiden Sie aus Tonkarton die Teile der Sonnenblume aus. Die Sonnenblume auf der Karte anordnen und fixieren. Zum Schluss stanzen Sie mit der Lochzange die Löcher am Kartenrand ein, ziehen Satinband hindurch und binden die Bandenden zu einer Schleife.

Bei der Aquarellkarte verwenden Sie grünen Karton für die Klappkarte und gelben für das Schmuckdreieck. Das Satinband binden Sie um die Knickkante. Die Sonnenblume wird auf Aquarellkarton übertragen, farbig ausgemalt und dann auf die Karte geklebt.

EulenMOBILE

Motivhöhe
ca. 50 cm

Material

- Tonkarton in A5: dunkelbraun, rehbraun und grün
- Tonkartonreste: braun, dunkelgrün und hautfarben
- Bastelfarbe: rotbraun und dunkelbraun
- Nylonfaden

Vorlagenbogen 1A

Eulen
Das dunkelbraune Federkleid wird doppelt, die übrigen Teile werden je einmal aus Tonkarton geschnitten. Kleben Sie das Federkleid beidseitig auf den Körper. Anschließend Füße und Schnabel fixieren. Bevor Sie die Augen platzieren, stanzen Sie mit der Lochzange erst die Lichtpunkte in die Pupillen.

Blätter
Die Blätter werden in zwei verschiedenen Größen und Farben gearbeitet. Mit einem dünnen Pinsel und Bastelfarbe malen Sie auf beiden Seiten die Blattlinien auf.

Eicheln
Zwischen die Hütchen, die jeweils doppelt ausgeschnitten werden, kleben Sie die Frucht. Beidseitig die geschwungene Randlinie mit Bastelfarbe auftragen. Einige Eicheln ergänzen Sie zusätzlich mit einem kleinen Blatt.

Die beiden großen Blätter kleben Sie hinter die obere Eule, dazwischen befestigen Sie eine einzelne Eichel. Die übrigen Mobileteile werden mit Nylonfäden übereinander angeordnet.

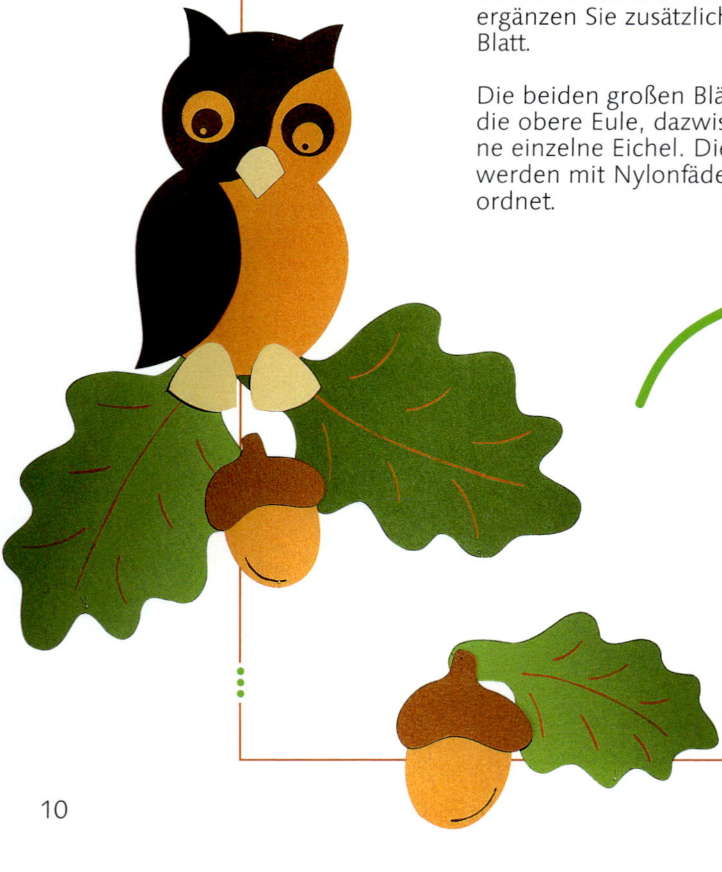

Motivbreite
ca. 28 cm

Material Türschild

- Tonkarton in A4: grün
- Tonkartonreste: dunkelblau, braun und hellgrün
- Faserseiderest: hellgrün
- Seidenpapierrest: dunkelblau
- Bastelfarbe: dunkelgrün
- Satinband, 3 mm breit, ca. 50 cm lang: hellgrün
- 2 Holzperlen, ø 8 mm: blau

Vorlagenbogen 1B

Motivhöhe
ca. 15 cm

Material Flasche zum Verschenken

- Tonkartonreste: dunkelblau, hellgrün und dunkelgrün
- Satinband, 5 mm breit, ca. 80 cm lang: dunkelblau

Vorlagenbogen 1B

Weinlese

Türschild

Die Untergründe der Trauben werden aus blauem, das Türschild wird aus grünem Tonkarton zugeschnitten. Die Konturen sowie den Schriftzug auf dem Schild tragen Sie mit einem feinen Pinsel und grüner Bastelfarbe auf. Aus Seidenpapier gestalten Sie die einzelnen Weinbeeren: Dazu das Papier in ca. 5 cm x 5 cm große Stücke reißen und zwischen den Fingern zu kleinen Kügelchen rollen. Die Kügelchen werden anschließend in Traubenform auf den blauen Tonkartontrauben fixiert. Die Blätter schneiden Sie aus Faserseide; je zwei Blätter kleben Sie hinter die fünf Trauben, ebenso die Stängel aus braunem Tonkarton. Für die Ranken benötigen Sie mehrere beliebig lange, ca. 1 mm bis 2 mm breite Tonkartonstreifen, die über einen Bleistift gewickelt und spiralförmig aufgerollt werden. Die Spiralen vorsichtig abziehen und locker auf dem Türschild fixieren. Anschließend platzieren Sie die Trauben auf dem Schild. Zuletzt stanzen Sie mit der Lochzange zwei Löcher in das Türschild und ziehen ein grünes Satinband als Aufhängeband hindurch. Damit das Band nicht wieder herausrutscht, knoten Sie an die Bandenden zwei Holzperlen.

Eine Flasche zum Verschenken

Mit diesem Schmuck machen Sie jedes Weingeschenk zu einem Erlebnis! Die Traube besteht aus insgesamt 24 einzelnen Weinbeeren von je 2 cm Durchmesser. Die Beeren werden aus Tonkarton ausgeschnitten und versetzt zueinander in Traubenform zusammengefügt (vgl. Vorlage). Bei den Tonkartonblättern mit dem Cutter die Blattlinien einritzen. Die Weinranken bestehen aus beliebig langen Kartonstreifen von 1 mm bis 2 mm Breite, die auf einem Bleistift spiralförmig aufgerollt werden. Blätter sowie Weinranken hinter die Traube kleben. Zum Schluss befestigen Sie das Satinband auf der Rückseite und binden die Weintraube um den Hals einer Weinflasche.

Willkommen
VILLAGES

Motivhöhe (pro Eckmotiv)
ca. 24 cm

Material

- Tonkarton in A3: grün
- Tonkarton in A4: rehbraun
- Tonkarton in A5: dunkelbraun
- Tonkartonreste: braun, hautfarben und schwarz
- Bastelfarbe: braun
- Abstandsband
- Satinband, 3 mm breit, ca. 2 m lang: dunkelgrün

Vorlagenbogen 2A

AUF Vorratssuche FÜR DEN Winter

Diese beiden Fensterbilder passen farblich und thematisch zusammen. Verzieren Sie mit den Motiven die Fensterecken, damit das Eichhörnchen seine Wintervorräte sammeln kann.

Zuerst schneiden Sie aus grünem Tonkarton die Zierwinkel aus. Anschließend werden mit dem Cutter die Öffnungen in den Karton geschnitten. Den Körper des Eichhörnchens aus rehbraunem Tonkarton arbeiten und auf einem der Eckteile fixieren. Vorderpfoten und Schwanzbüschel je doppelt ausschneiden und beidseitig aufkleben, die beiden Vorderpfoten dabei mit Abstandsband befestigen. Danach werden die Nase und die zweigeteilten Augen ebenfalls doppelt ausgeschnitten und beidseitig platziert. Nun sechs Blätter arbeiten und auf beiden Seiten mit dem halben Innenblatt ergänzen; wählen Sie für die Innenblätter Tonkarton in einer kontrastreichen Farbe. Die Blätter beliebig auf den Motivwinkeln verteilen.
Die Eicheln bestehen aus der rehbraunen Frucht und dem beidseitig aufgeklebten dunkelbraunen Hütchen. Die halbrunde Schattenlinie malen Sie mit Bastelfarbe auf. Eine Eichel befestigen Sie zwischen den Eichhörnchenpfoten, die restlichen Eicheln platzieren Sie nach Wunsch auf den Zierecken; verwenden Sie dabei bei einigen Früchten Abstandsband. Sehr hübsch wirkt es, wenn Sie zum Schluss die Motivecken jeweils mit einer Schleife aus dunkelgrünem Satinband schmücken.

Ich KRIEG euch NOCH ...

(Beschreibung auf Seite 18)

Motivhöhe (Vogelscheuche)
ca. 35 cm

Material
- Tonkarton in A3: schwarz
- Tonkarton in A4: dunkelgrün, gelb und orange
- Tonkarton in A5: hautfarben
- Tonkartonreste: rot, braun und weiß
- Faserseide in A4: schwarz
- Faserseide in A5: orange, grün und rot
- Creme Rouge

Vorlagenbogen 2B

... Unser Tipp
Schneiden Sie die Faserseide etwas größer zu als die jeweils zu schließende Innenfläche. Fixieren Sie die Faserseide zunächst auf den unteren Tonkartonrahmen; anschließend legen Sie die obere Hälfte deckungsgleich auf.

Ich KRIEG euch NOCH ...

(Abbildung auch auf Seite 16/17)

Vogelscheuche
Kopf und Füße werden je einmal, die restlichen Motivteile doppelt aus Tonkarton ausgeschnitten. Zu Beginn gestalten Sie den Kopf: Die Glanzpunkte in den Pupillen stanzen Sie mit einer Lochzange aus. Beidseitig Haare, Nase und Augen samt Pupillen fixieren. Die rosigen Wangen reiben Sie mit Creme Rouge auf, Mund und Nasenmuster zeichnen Sie mit einem schwarzen Filzstift. Kleben Sie zwischen die beiden Körperteile Faserseide in der entsprechenden Farbe; beim Auflegen des oberen Rahmens werden Füße und Kopf zwischen die Hälften geschoben und fixiert. Nun den Kragen zur Seite knicken und mit dem Knopf aus gelbem Tonkarton ergänzen. Die Arme werden unter die Ärmelenden geklebt und dann an der Vogelscheuche befestigt. Zum Schluss erhält der lustige Herbstgeselle noch sein rotes Halstuch und die beiden Flicken. Die Flickennähte mit schwarzem Filzstift andeuten.

Krähen
Die Füße einmal, die restlichen Teile doppelt aus Tonkarton anfertigen. Kleben Sie die Faserseide zwischen die Körperhälften, dabei die Füße gleich mit fixieren. Die Glanzpunkte in den Augen mit einer Lochzange ausstanzen. Anschließend werden Schnabel, Augen, Pupillen und Flügel beidseitig am Körper befestigt. Mit Filzstift die Schnabellinie aufmalen.

Kürbis
Alle Teile werden doppelt aus Tonkarton ausgeschnitten. Die Faserseide zwischen die Kürbishälften kleben, danach Blätter und Stängel fixieren. Bei den Kürbissen mit einem Filzstift die schwarzen Punkte auftupfen.

Jetzt können Sie die einzelnen Figuren an Ihrem Fenster szenenartig arrangieren.

Ganz schön *stachelig*

Igel an Terrakottatopf

Grundieren Sie zuerst den Terrakottatopf mit ockerfarbener Bastelfarbe. Anschließend arbeiten Sie für die Banderole beliebig viele Blätter aus grünem und dunkelgrünem Tonkarton. Die Blattmitten sowie die Schlitze für das Satinband mit dem Cutter einritzen. Die Blätter werden auf das Satinband aufgezogen und die Blätterbanderole anschließend um den Topfrand gebunden. Damit die Banderole nicht verrutscht, wird das Satinband zusätzlich an mehreren Stellen mit doppelseitigem Klebeband fixiert. Nun die Igelkörper je einmal, das Stachelkleid jeweils doppelt ausschneiden. Nase und Augen werden mit einem schwarzen Filzstift aufgemalt, die rosigen Wangen mit Creme Rouge aufgerieben. Kleben Sie den Igelkörper zwischen das Stachelkleid. Zuletzt hängen Sie mehrere Igel mit Nylonfäden an die Blätterranke.

Motivhöhe (Igel)
ca. 4,5 cm

Material Terrakottatopf

- Tonkartonreste: braun, hautfarben, grün und dunkelgrün
- Creme Rouge
- Terrakottatopf, ø 13 cm
- Bastelfarbe: ocker
- Doppelseitiges Klebeband
- Satinband, 6 mm breit, ca. 90 cm lang: dunkelgrün
- Nylonfaden

Vorlagenbogen 2A

Motivhöhe
ca. 6 cm

Material Kleine Igel
- Tonkartonreste: braun und hautfarben
- Creme Rouge
- Blumendraht, pro Igel 2 x 20 cm lang: braun
- 4 Holzperlen, ø 10 mm

Vorlagenbogen 2A

Kleine Igel

Die Igel der Blätterbanderole eignen sich auch als kleine Dekofiguren. Die Beine erhalten Sie, indem Sie auf die Drahtenden je eine Holzperle ziehen und den Draht ineinander verdrehen. Beim Fixieren des Stachelkleids werden die in der Mitte geknickten Beinpaare dazwischen geschoben und gleich mit befestigt.

Motivdurchmesser
ca. 12 cm

Material Blätterkranz mit Kerze
- Tonkartonreste: grün und dunkelgrün
- Regenbogentonkartonrest
- Satinband, 3 mm breit, ca. 25 cm lang: orange; 6 mm breit, ca. 65 cm lang: dunkelgrün
- Kerze, ø ca. 6 cm, ca. 15 cm hoch

Vorlagenbogen 2A

Blätterkranz mit Kerze

Die Grundform wird aus dunkelgrünem Tonkarton ausgeschnitten. Für den Blätterkranz benötigen Sie rund 23 Blätter, die Sie aus grünem und Regenbogentonkarton (Grün-Gelb-Rot-Verlauf) zuschneiden. Mit einem grünen Filzstift die Mittellinien aufzeichnen. Dann ziehen Sie die Blätter über einen Bleistift und fixieren die nun gewölbten Blätter auf der Grundform schuppenartig zu einem dichten Blätterkranz. Zuletzt dekorieren Sie den Kranz mit den Satinbändern.

HERBSTZEIT – Kürbiszeit

Motivhöhe
ca. 16 cm

Material Kürbistüte
- Tonpapier in A3: weinrot
- Tonkartonreste: hellgrün, dunkelgrün und orange
- Paketschnur, ca. 60 cm lang

Vorlagenbogen 3A

Motivhöhe
ca. 11 cm

Material Kürbisschachtel
- Tonkarton in A3: orange
- Tonkartonrest: dunkelgrün
- Satinband, 3 mm breit, ca. 50 cm lang: dunkelgrün

Vorlagenbogen 3A

... Unser Tipp
Durch Vergrößern der Grundform auf dem Kopiergerät lässt sich die Schachtel ganz einfach dem jeweiligen Inhalt anpassen.

Kürbistüte

Zu Beginn arbeiten Sie aus dem weinroten Tonpapier die rechteckige Grundform der Kürbistüte (23,5 cm x 32 cm). Um die Tüte zu formen, benötigen Sie einen Gegenstand, der etwa die Maße der fertigen Tüte (16 cm x 10 cm x 5 cm) aufweist, z. B. eine Schachtel oder ein Buch. Die Öffnung der Tüte soll einen sauberen Abschluss bekommen, daher wird der Tütenrand ca. 2,5 cm nach innen umgeknickt und verklebt. Dann wickeln Sie das Papier straff um den rechteckigen Gegenstand herum und verkleben auf der Rückseite die Papiernaht. Der Kleberand beträgt etwa 2 cm. Die Unterseite, die den Tütenboden bildet, wird eingeklappt und ebenfalls verklebt. Anschließend können Sie die Schachtel oder das Buch herausnehmen. Zuletzt werden die beiden Seitenteile der Tüte nach innen geknickt und mit den Fingern zu einer scharfen Kante zusammengedrückt. In den Tütenrand stanzen Sie mit der Lochzange die Löcher für die Trageschnüre. Als Henkel dienen zwei Paketschnüre von je ca. 30 cm Länge, die durch die Löcher gezogen und deren Enden innen verknotet werden. Die Einzelteile des Kürbisses werden aus Tonkarton gefertigt, die Mittellinien der Blätter mit einem Cutter eingeritzt. Mit einem schwarzen Filzstift deuten Sie die Struktur der Kürbisoberfläche an. Die feinen Kürbisranken arbeiten Sie aus 1 mm bis 2 mm breiten, beliebig langen Tonkartonstreifen; die Streifen werden über einen Bleistift gewickelt und anschließend auseinander gezogen. Fixieren Sie den Kürbis auf der Tüte und verteilen Sie darauf die Blätter und die Ranken.

Kürbisschachtel

Schneiden Sie die Grundform der Kürbisschachtel aus Tonkarton aus und falzen Sie den Karton an den gestrichelten Linien. Anschließend die Blätter-Stängel-Teile zuschneiden, mit dem Cutter die Blattlinien einritzen und an den oberen Kürbisenden fixieren. Mit einem Filzstift malen Sie die Kürbislinien und -punkte auf. Dann kann die Schachtel gefaltet werden: Zunächst die Dreiecke nach oben knicken, danach die Kürbisse nach oben falten. Um die Kürbisblätter wird ein Satinband gebunden und die Kürbisschachtel damit verschlossen.

Sorini

KürbisLICHT

Zuerst wird das Minilicht gearbeitet. Übertragen Sie die Grundform der Minilaterne auf grünen Tonkarton und schneiden Sie die äußere Kontur aus. Anschließend die gestrichelten Ansatzlinien zwischen den Laternenseiten sowie die Bodenlaschen falzen, danach den Karton wieder glatt streichen. Dann trennen Sie mit einem Cutter die Innenflächen heraus und hinterkleben das Minilicht mit hellgrüner und orangefarbener Faserseide. Nun kann das Kürbislicht gefaltet und mit Klebstoff verschlossen werden. Aus orangefarbenem Tonkarton zwei Kürbisse sowie aus hellgrünem Tonkarton vier Blätter und vier Stängel samt Ranke ausschneiden. Die Struktur der Kürbisschale gestalten Sie mit einem schwarzen Filzstift. Ergänzen Sie die Kürbisse beidseitig mit den Stängeln, danach fixieren Sie die Kürbisse auf den entsprechenden Außenseiten der Laterne. Die einzelnen Blätter werden mit etwas Abstandsband befestigt. Zuletzt stanzen Sie zwei Aufhängelöcher in die Laterne, formen aus Silberdraht den Aufhänger (vgl. Skizze) und ziehen die Drahtenden durch die Stanzlöcher.

Das Gestell besteht aus Aludraht. Es wird mit Hilfe einer Zange gebogen; orientieren Sie sich dabei an der Skizze. Den aufrecht stehenden Draht umwickeln Sie mit Satinbändern, die Bandenden zu Schleifen binden. Dann kann das Kürbislicht an der Aufhängeöse ins Drahtgestell gehängt werden. Auf den Laternenboden stellen Sie ein Teelicht.

Motivhöhe

ca. 23 cm

Material

- Tonkarton in A4: hellgrün
- Tonkarton in A5: orange
- Faserseide in A5: hellgrün und orange
- Abstandsband
- Satinband, 3 mm breit, ca. 1 m lang: orange
- Taftband, 13 mm breit, ca. 1 m lang: hellgrün
- Aludraht, ø 2 mm, ca. 65 cm lang
- Silberdraht, ø 0,65 mm, ca. 20 cm lang
- Teelicht
- Zange

Vorlagenbogen 2B

... Unser Tipp

Wenn Sie auf Drahtgestell und Aufhänger verzichten, können Sie die Kürbislaterne an Halloween auch als Tischlicht verwenden. Am besten arbeiten Sie dann gleich mehrere Minilichter.

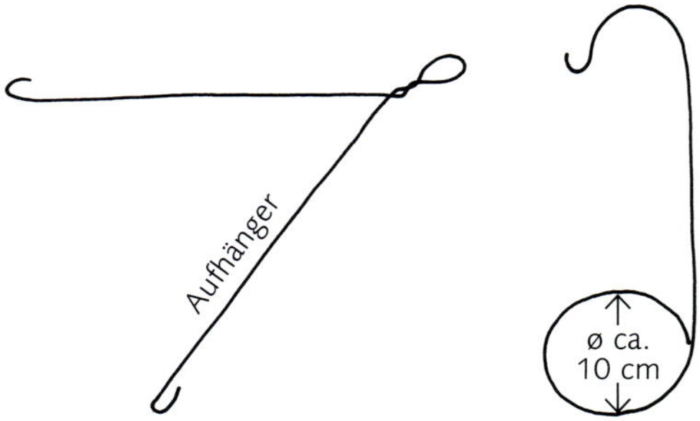

Motivhöhe
ca. 17 cm

Material Täschchen mit Aquarellpilzen

- Tonkarton in A4: rehbraun
- Tonkartonreste: dunkelbraun und dunkelgrün
- Aquarellkarton in A5
- Aquarellfarben: weiß, grün, braun, rot und schwarz
- Abstandsband
- Satinband, 3 mm breit, ca. 50 cm lang: orange
- 2 Holzperlen, ø 8 mm

Vorlagenbogen 2A

Motivhöhe
ca. 17 cm

Material Täschchen mit Pilzen aus Tonkarton

- Tonkarton in A4: rehbraun
- Bastelfarbe: braun
- Tonkartonreste: dunkelbraun, rehbraun, hellgrün, dunkelgrün, orange und elfenbeinfarben
- Abstandsband
- Satinband, 3 mm breit, ca. 50 cm lang: orange
- 2 Holzperlen, ø 8 mm

Vorlagenbogen 2A

Schöner Herbst

Die Grundform der Tasche schneiden Sie einmal aus rehbraunem Tonkarton zu. Den Karton an den gestrichelten Linien falzen und an den Markierungen mit der Lochzange die Löcher einstanzen. Die obere Kante wird nach innen eingeschlagen und mit Klebstoff fixiert. Dann kann das Täschchen gefaltet und an den Klebelaschen geschlossen werden. Die Vorderseite ergänzen Sie mit den braunen und grünen Tonkartonrechtecken. Mit Bastel- oder Aquarellfarbe malen Sie den Schriftzug auf. Das Aufhängeband wird von innen durch die Stanzlöcher gezogen und mit zwei aufgefädelten Holzperlen gesichert.

Täschchen mit Aquarellpilzen

Die Pilze sind mit Aquarellfarben gemalt, Sie können aber auch Wasserfarben verwenden. Die Pilze auf den Aquarellkarton übertragen, farblich gestalten und anschließend mit Abstandsband auf dem Täschchen befestigen. Lassen Sie sich bei der Bemalung von der Abbildung leiten oder nehmen Sie die Vorlage als Inspiration für ganz neue Pilze in anderen Farben (z. B. Fliegenpilz). Ihrer Phantasie sind keine Grenzen gesetzt.

Täschchen mit Pilzen aus Tonkarton

Statt mit Aquarellfarben lassen sich die Pilze auch aus Tonkarton gestalten. Die Motivteile ausschneiden, zusammenkleben und auf dem Täschchen fixieren. Die beiden kleineren Pilze werden mit Abstandsband befestigt.

... Unser Tipp
Die Täschchen können beliebig gefüllt werden. Legen Sie einige Lavendelblüten hinein und in Ihrer Wohnung verbreitet sich ein angenehmer Duft. Oder verwenden Sie das Täschchen als Geschenkverpackung für ein nettes Mitbringsel.

Schöner
Herbst
Schöner
Herbst

IgelPARADE

Motivbreite
ca. 37 cm

Material Fensterbild
- Tonkarton, 50 cm x 70 cm: dunkelbraun
- Tonkarton in A4: schwarz
- Tonkartonreste: hautfarben, hellgrün und mittelgrün
- Regenbogentonkarton in A4
- Creme Rouge
- Abstandsband
- Satinband, 3 mm breit, ca. 30 cm lang: hellgrün

Vorlagenbogen 3B

Motivdurchmesser (Blatt)
ca. 16 cm

Material Tischlicht
- Tonkartonreste: hautfarben und schwarz
- Regenbogentonkartonrest
- Creme Rouge
- Wellpapperest: hellgrün
- Teelicht

Vorlagenbogen 3B

Fensterbild

Zuerst schneiden Sie aus braunem Tonkarton den Zaun aus und befestigen die Querlatten mit Abstandsband. Die dunklen Nagelköpfe malen Sie mit einem schwarzen Filzstift auf. Die Körper der beiden Igel werden je einmal, das Stachelkleid wird jeweils doppelt zugeschnitten. Kleben Sie den Körper zwischen die beiden Hälften des Stachelkleids. Nase und Augen werden mit dem Filzstift gestaltet, die Wangen mit Creme Rouge betont. Anschließend fünf Kastanien arbeiten. Sie bestehen aus der mittelgrünen Ummantelung und der angedeuteten grün-braunen Frucht. Die stachelige Oberfläche der Kastanienhülle deuten Sie mit einigen mit dem Filzstift aufgezeichneten Häkchen an. Zuletzt schneiden Sie aus Regenbogentonkarton fünf große Blätter aus. Legen Sie dabei die Blattvorlage so auf den Karton, dass Sie Blätter in typischen Herbstfarben wie Grün-Gelb und Rot-Gelb erhalten.

Dann ordnen Sie Blätter, Kastanien und Igel gemäß der Abbildung auf dem Zaun an, wobei die Kastanie auf dem Igelrücken und die Igel selbst mit Abstandsband fixiert werden. Durch die obere Zaunsprosse ein Loch stechen, Satinband hindurch ziehen und die beiden Kastanien anbinden.

Tischlicht

Schneiden Sie aus Wellpappe und Regenbogentonkarton das zweigeteilte Blatt aus und kleben Sie es zusammen. Anschließend schneiden Sie für die Teelichthalterung aus Wellpappe einen Streifen von ca. 14 cm x 1,8 cm zu. Den Streifen locker um ein Teelicht wickeln und zu einem Ring verkleben. Die Halterung auf dem Boden fixieren. Nun den Igelkörper einmal, das Stachelkleid doppelt aus Tonkarton zuschneiden. Den Körper kleben Sie zwischen das Stachelkleid. Mit einem schwarzen Filzstift werden beidseitig das Auge sowie die Nase aufgemalt. Die rosigen Wangen reiben Sie mit Creme Rouge auf. Zum Schluss befestigen Sie den Igel mit etwas Klebstoff am Wellpappering.

Motivhöhe
ca. 20 cm
(Drachen ohne Schweif)

Material

- Tonkarton in A3: weinrot
- Regenbogentonkarton in A5
- Faserseide in A4: goldgelb
- Blumendraht, ø 0,65 mm, ca. 2 m lang: braun
- Satinband, 3 mm breit, ca. 1 m lang: weinrot
- Teelicht
- Rundholz oder dicker Stift, ø ca. 1 cm

Vorlagenbogen 3A

… Unser Tipp
Um ein Einreißen des Kartons zu vermeiden, kann der obere Rand des Zwischenteils innen im Bereich des Aufhängedrahts mit zusätzlich aufgeklebten Kartonplättchen (3,5 cm x 0,5 cm) verstärkt werden.

DrachenLICHT

Schneiden Sie das schmale Seitenteil sowie die beiden Drachenseiten aus weinrotem Tonkarton aus und stanzen Sie an den markierten Stellen die Löcher ein. Die Blätter werden mit dem Cutter herausgetrennt. Anschließend hinterkleben Sie die Blattöffnungen mit Faserseide in Goldgelb. Die halben blattförmigen Zierelemente werden aus Tonkarton geschnitten und auf die Faserseide geklebt. Dann falzen und knicken Sie das Zwischenteil an den gestrichelten Linien. Nun zunächst das hintere Drachenteil an den Klebelaschen fixieren, danach das vordere Trapez befestigen. Aus Regenbogentonkarton acht kleine Blätter ausschneiden und auf jeder Seite je zwei Blätter mit ca. 25 cm langem Satinband an den Stanzlöchern in den Drachenecken anbinden. Dann wickeln Sie ein 1 m langes Drahtstück um ein Rundholz oder einen dicken Stift (ø ca. 1 cm) und ziehen den Draht spiralförmig auseinander. Die Drahtenden werden zu Ösen gebogen und das Drachenlicht eingehängt.

Anschließend arbeiten Sie den Drachenschwanz. Die Blätter schneiden Sie aus Regenbogentonkarton und weinrotem Tonkarton in unterschiedlichen Größen aus. Rollen Sie ein Drahtstück von ca. 1 m Länge spiralförmig um den Stift oder das Rundholz, ziehen Sie es wieder ab, dehnen Sie es und fädeln Sie mehrere Blätter auf den Draht. Nun durch den Laternenboden ein Loch stechen und den Drahtschwanz hindurch stecken. Das Drahtende wird flach auf dem Boden umgeknickt und mit etwas Klebeband gesichert. Zusätzlich schneiden Sie aus Tonkarton ein Rechteck von 6 cm x 5,5 cm und fixieren es auf dem Laternenboden. Zuletzt stellen Sie ein Teelicht in den Drachen.

Motivdurchmesser
ca. 26 cm

Material

- Tonkarton in A4: grün
- Regenbogentonkarton in A5
- Tonkartonreste: dunkelgrün, braun und hautfarben
- Abstandsband
- Creme Rouge
- Satinband, 3 mm breit, ca. 1 m lang: orange; je ca. 50 cm lang: gelb und grün

Vorlagenbogen 1A

... Unser Tipp
Die Kranzgröße können Sie leicht mit einem Kopierer nach Ihren Wünschen verändern. Die Anzahl der aufgeklebten Blätter richtet sich danach, wie dicht Sie Ihren Kranz gestalten möchten. Beim abgebildeten Elfenkranz wurden rund 40 Blätter verarbeitet. In einem größeren Kranz finden natürlich auch mehr Elfen Platz.

ElfenKRANZ

(Abbildung auch auf Seite 1)

Im Elfenkranz verbergen sich drei kleine Elfen. Die Elfenhütchen werden aus Regenbogentonkarton, Haare und Kopf aus einfarbigem Tonkarton ausgeschnitten. Mit einem feinen schwarzen Filzstift gestalten Sie die Gesichter. Die rosigen Wangen reiben Sie mit etwas Creme Rouge auf. Fixieren Sie zuerst die Haare, darauf setzen Sie das Elfenhütchen. Die Hutspitzen werden über einen Bleistift gerollt und leicht nach außen gewölbt. Anschließend schneiden Sie die Grundform des Kranzes einmal aus grünem Karton. Die Blätter werden aus dunkelgrünem Tonkarton sowie aus Regenbogentonkarton gearbeitet; legen Sie die Vorlage dabei so auf den Regenbogentonkarton, dass Sie einen Verlauf von Gelb nach Grün und von Gelb nach Orangerot erhalten. Mit einem braunen Filzstift deuten Sie die Blattlinien an. Dann rollen Sie die Blätter über einen Bleistift und befestigen sie mit je einem Tropfen Klebstoff auf der Grundform. Die Elfenköpfe platzieren Sie mit Abstandsband zwischen den Blättern. Zuletzt stanzen Sie in den Blätterkranz ein Loch und ziehen bunte Satinbänder hindurch, die Sie auf der Vorderseite zu Schleifen binden. Das längere orangefarbene Satinband dient gleichzeitig als Aufhängeband.